D1689633

©2023 Mar García García
©2023, Ediciones Kikibú, Madrid
Colaboración:
Ilustraciones: Monkibús
Edición y Maquetación: Raquel Vega

Safe Creative: Identificador 2207131577236
Ediciones Kikibú apoya la protección y defensa de los derechos de propiedad intelectual.
La propiedad intelectual estimula la creatividad, defiende la diversidad en el ámbito de las ideas y el conocimiento, promueve la libre expresión y favorece una cultura viva.
Gracias por comprar una edición autorizada de este libro y por respetar las leyes de la propiedad intelectual al no reproducir, escanear ni distribuir ninguna parte de esta obra por ningún medio sin permiso.
Al hacerlo estás respaldando a los autores y permitiendo que Ediciones Kikibú continue publicando libros para todos los lectores.
Dirígete a la autora si necesitas fotocopiar o escanear algún fragmento de esta obra.

También puedes seguir las últimas novedades sobre Kikibú en:

@kikibu_oficial

@monkibus_ilustraciones

A Ángel por demostrarnos que la muerte no existe.
A Paula y Rodrigo por ser los mejores compañeros
de esta aventura.

A todos los que han tenido que despedir a alguien
que querían mucho y siguen adelante.

A los que creen que nos volveremos a encontrar y
a los que no, porque van a flipar el día del reencuentro.

La Aventura de Vivir

Siempre Contigo

Paula tenía nueve años. Era una niña morenita con grandes ojos verdes, muy alegre y pizpireta. Lo que más le gustaba era ir al pueblo con su familia, jugar con **Tango**, su perro, acariciar la calva de su papá, y cortar el pelo a su hermano pequeño **Rodrigo**, al que llenaba de trasquilones.

Rodrigo tenía 7 años. Su sonrisa era tan grande y bonita que hacía que le perdonaran todas sus travesuras. ¡Era un auténtico bichejo! Le encantaba comer palmeras de chocolate y jugar a conducir su coche sentado sobre las piernas de sus padres, porque los brazos casi no le llegaban al volante.

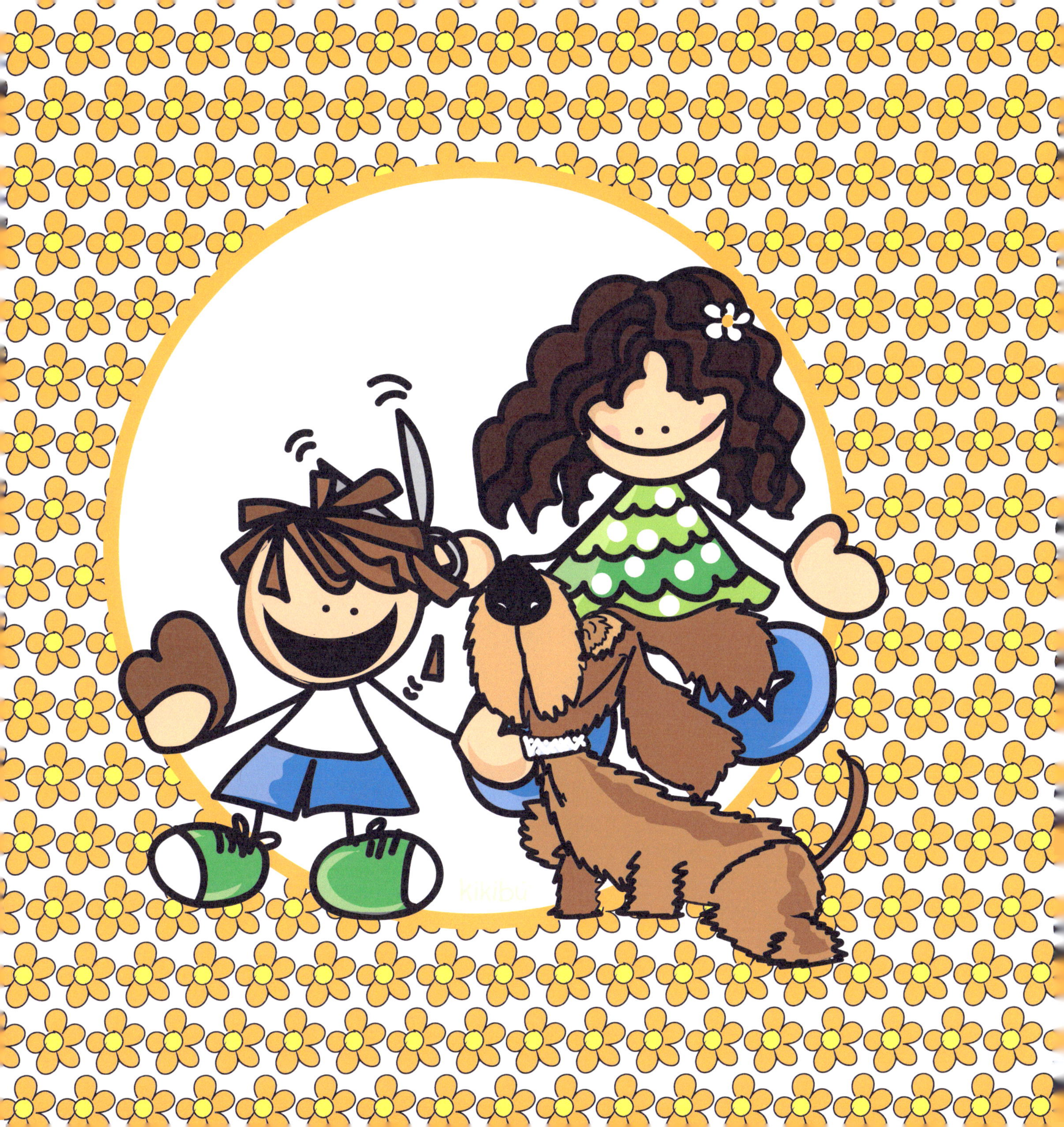

"Los Martín" que así los llamaban en el colegio, era una familia muy querida, en especial Ángel, el padre, un señor risueño, simpático, divertido, bonachón, y muy trabajador. Siempre estaba pendiente de todos ayudando a quien lo necesitaba, aunque no le conociera.

Mar era una señora rubia, dulce, un poco hippie y muy cabezota. Paula y Rodrigo decían que su mayor defecto era ser muy positiva y que siempre encontraba un motivo para justificar el comportamiento de los demás, lo que a veces les sacaba de quicio. Ángel y Mar se conocieron muy jovencitos y pronto se enamoraron.

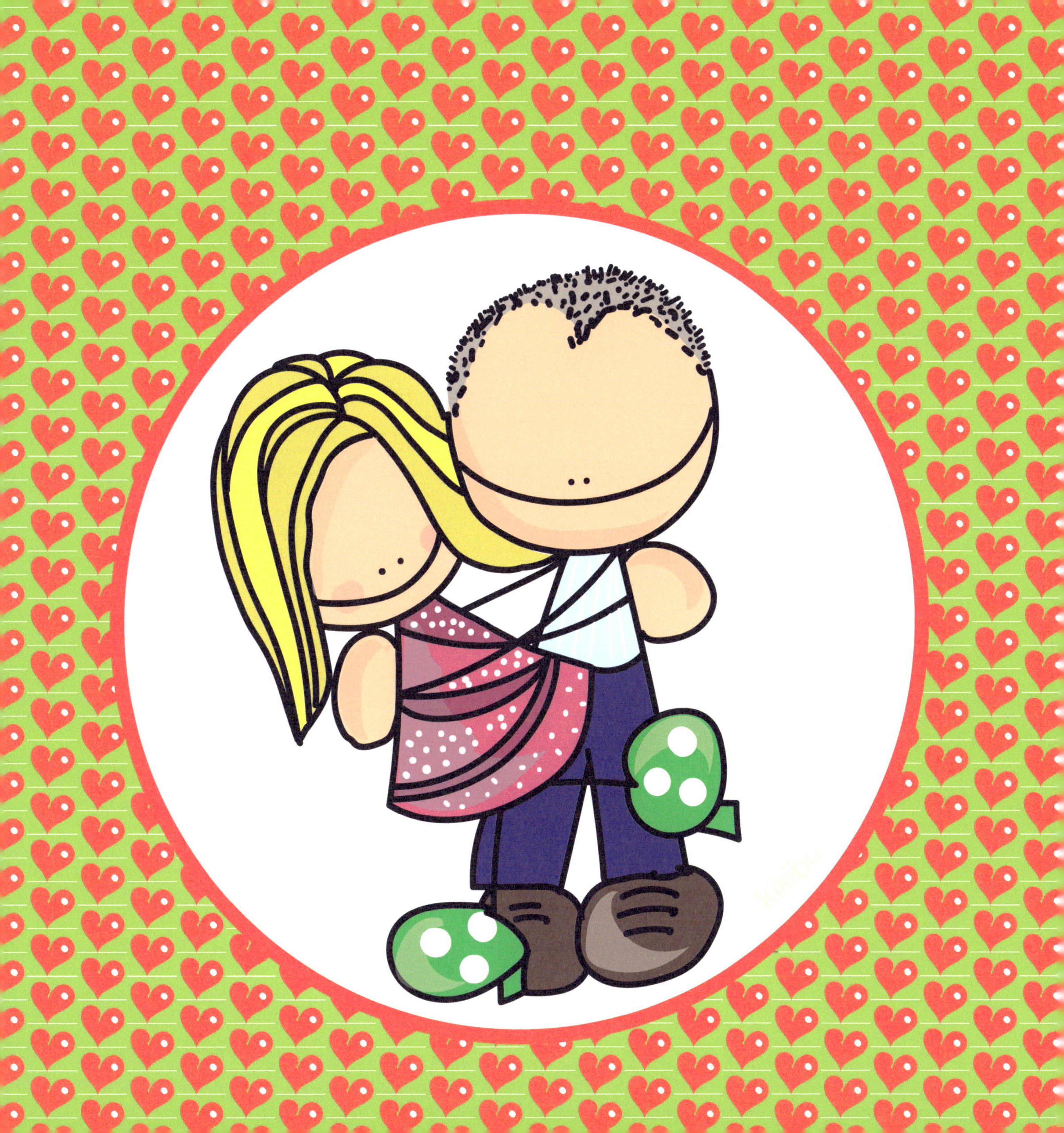

A la familia Martín le encantaba ir a una casita de campo que tenían en un lugar muy bonito. Allí montaban en moto buscando conejos, caballos y hasta alguna vaca despistada que se había alejado del redil. Otros días iban a navegar en piragua a un pantano que había cerquita donde vivían nutrias y peces enormes que saludaban dando saltos al paso de la embarcación.

El momento más especial era el atardecer. Al caer el sol sobre el agua producía múltiples reflejos que parecían estrellas y el cielo se pintaba de colores diferentes cada día.
Hablaban de muchos temas, compartían sus pensamientos, dudas y emociones.

Eran muy felices y siempre cantaban: ¡Los cuatro unidos, jamás seremos vencidos!

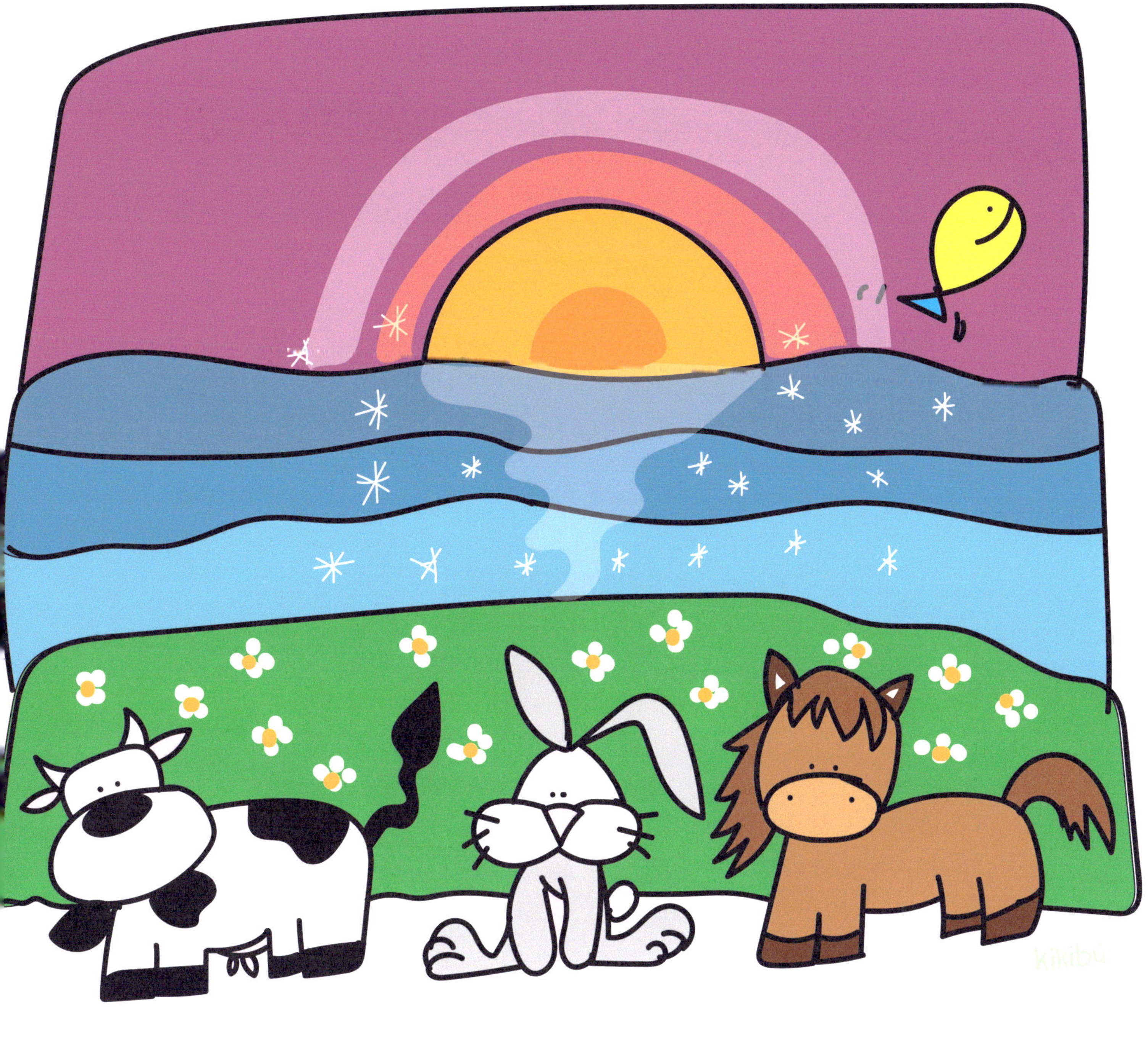
kikibu

Un día, cuando la familia Martín estaba preparando sus vacaciones, Ángel se puso muy malito y su mujer, Mar, le llevó al hospital.
Su corazón dejó de latir ese mismo día, sin que nadie lo esperara.

Cuando Mar llegó a casa, llamó a Paula y Rodrigo y cogiéndoles las manos les dijo:

- Vamos a sentarnos aquí juntitos. ¿Os acordáis que siempre os hemos dicho que venimos a la tierra a cumplir una misión, conocer a las personas que más queremos y luego volveremos a un lugar maravilloso, en el que estaremos juntos para siempre?

-Si mami-respondieron ellos.

-Pues papá, – continuó Mar - ya ha cumplido su misión y ha emprendido su viaje hacía un lugar donde nos espera, construyendo una preciosa casa para cuando lleguemos.

Paula y Rodrigo se miraron y se quedaron en silencio durante unos minutos, sin poder reaccionar. Después de un rato, entre lágrimas, desconsolados dijeron:
-Pero mamá, ¿no vamos a volver a ver a papá?

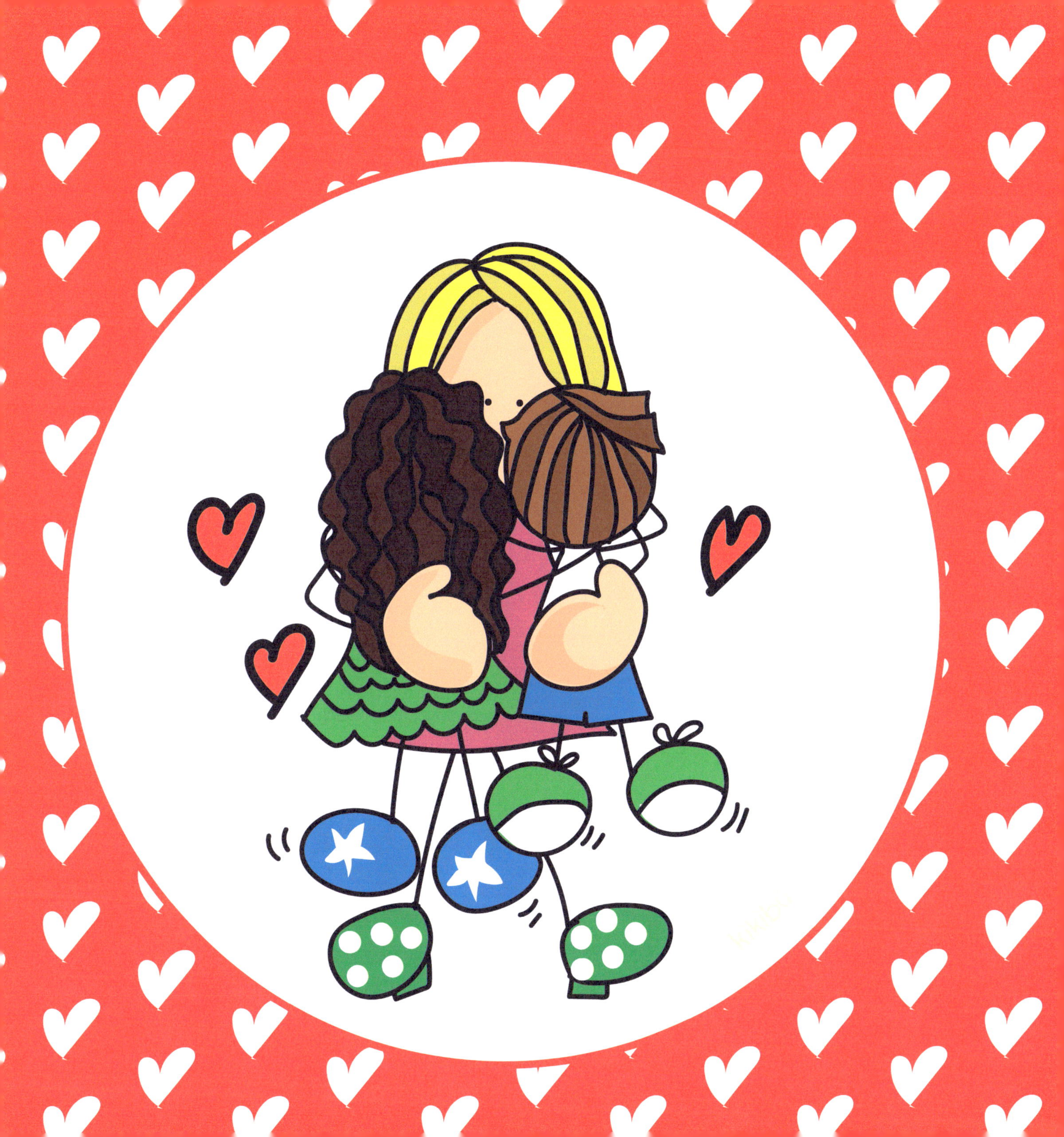

-Claro que sí! Pero hasta entonces, tenemos que aprender a verle con los ojos cerrados y a escucharle sin oír su voz. Él siempre estará a nuestro lado, ayudándonos en todo lo que pueda y veréis como le sentiréis cerquita. Otras situaciones las tendremos que superar solos, para cumplir nuestra misión y conseguir nuestros sellos.

- ¿Sellos?, ¿Qué sellos mamá? - preguntaron ellos.

Su madre comenzó a explicarles:
Existe un planeta llamado "Felicidad Absoluta". Es un planeta mágico. En él se encuentra todo lo que puedes imaginar que te hace feliz. Bellos paisajes donde habitan los animales más hermosos que jamás habéis visto, juguetes divertidos, comida deliciosa y lo más importante, es el punto de encuentro con todas las personas y mascotas que quieres. Los que llegan antes, tienen poderes especiales para ayudar a los que están aún en la tierra.

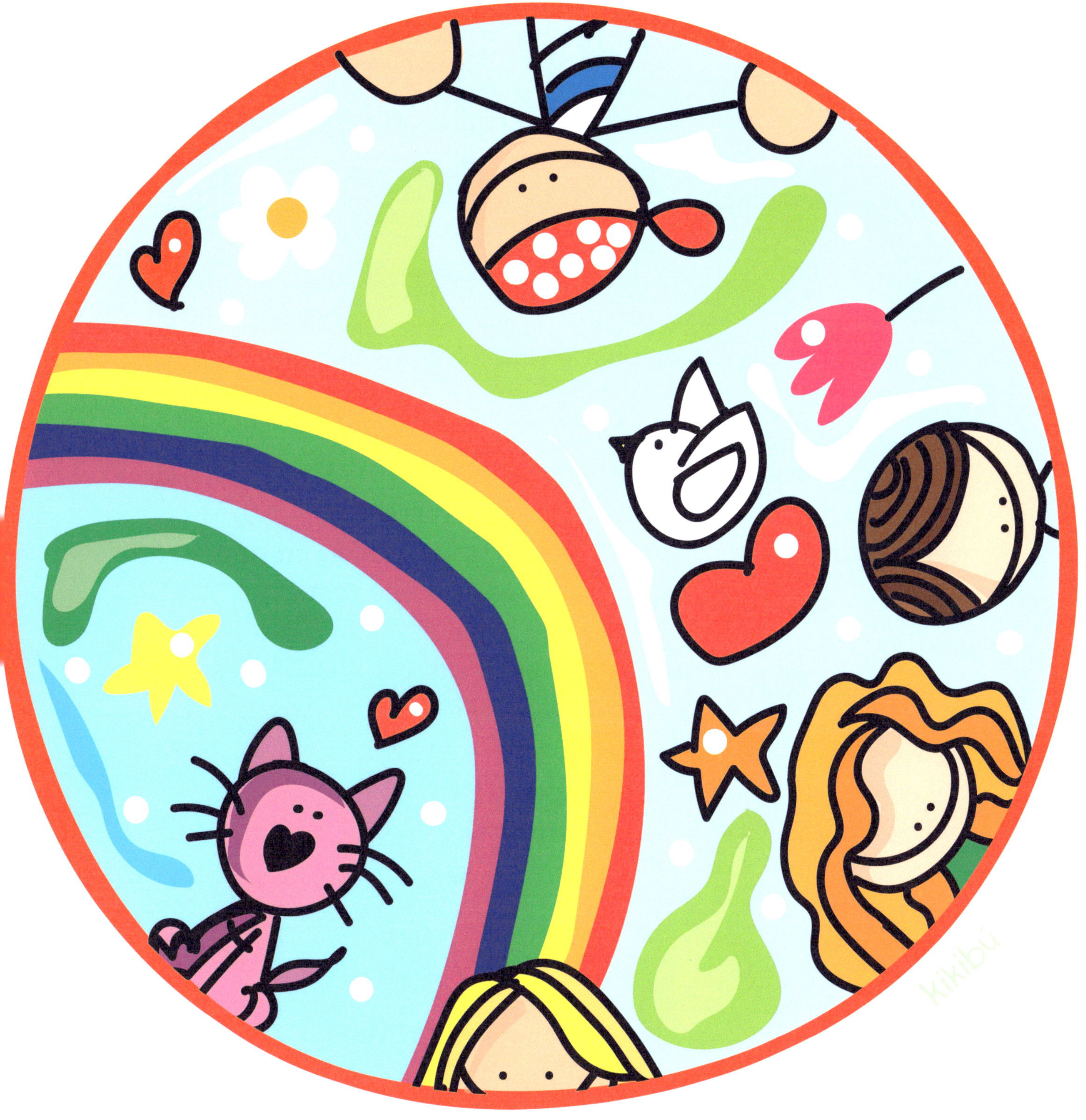

Para poder entrar, es imprescindible cumplir la misión que tengas asignada y llevar un pasaporte con un sello en cada una de las cualidades requeridas.

Algunas de las más importantes son bondad, valentía, empatía, esperanza, fortaleza, gratitud, aceptación, honestidad, sinceridad, respeto, tolerancia, compasión, solidaridad, …, y la más importante es el AMOR.

La tierra es el planeta donde venimos a aprender y a vivir todas las experiencias necesarias para conseguir estos sellos y principalmente, donde construyes los lazos de amor con las personas y animales de los que no te separaras jamás, estén donde estén.

Mientras Rodrigo no paraba de llorar, Paula dijo:
- ¡Mamá, me duele mucho el corazón, el pecho, el estómago y no puedo respirar!

Rodrigo exclamó: ¡A mí también mami!

Su madre les dijo:
¡Y a mí, chicos! Vamos a respirar muy despacio y profundamente juntos.

ZONA DE APRENDIZAJE

Hicieron varias respiraciones profundas y Mar continuó:

-Estáis sintiendo lo que es la tristeza y el sufrimiento. Es normal. Se produce cuando algo te causa mucho dolor en el alma. Es inevitable y hay que darle el tiempo que sea necesario para echarlo fuera. Pero también podemos elegir transformarlo en algo bueno y que además nos sirva para añadir sellos a nuestro pasaporte.

- ¿Cómo, mamá? - Preguntaron los dos a la vez.

-Primero pensad en la suerte que hemos tenido. Siendo más de 7.700 miles de millones de habitantes en el mundo hemos coincidido y conocido a papá y formado una familia que se quiere mucho. Hasta que nos veamos, papá estará en nuestro corazón y a nuestro lado para ayudarnos en todo lo que pueda. Hay que prestar mucha atención a sus "guiños", porque seguro que nos mandará señales para que no lo dudemos.

¡Hay que saber verlas!

kikibú

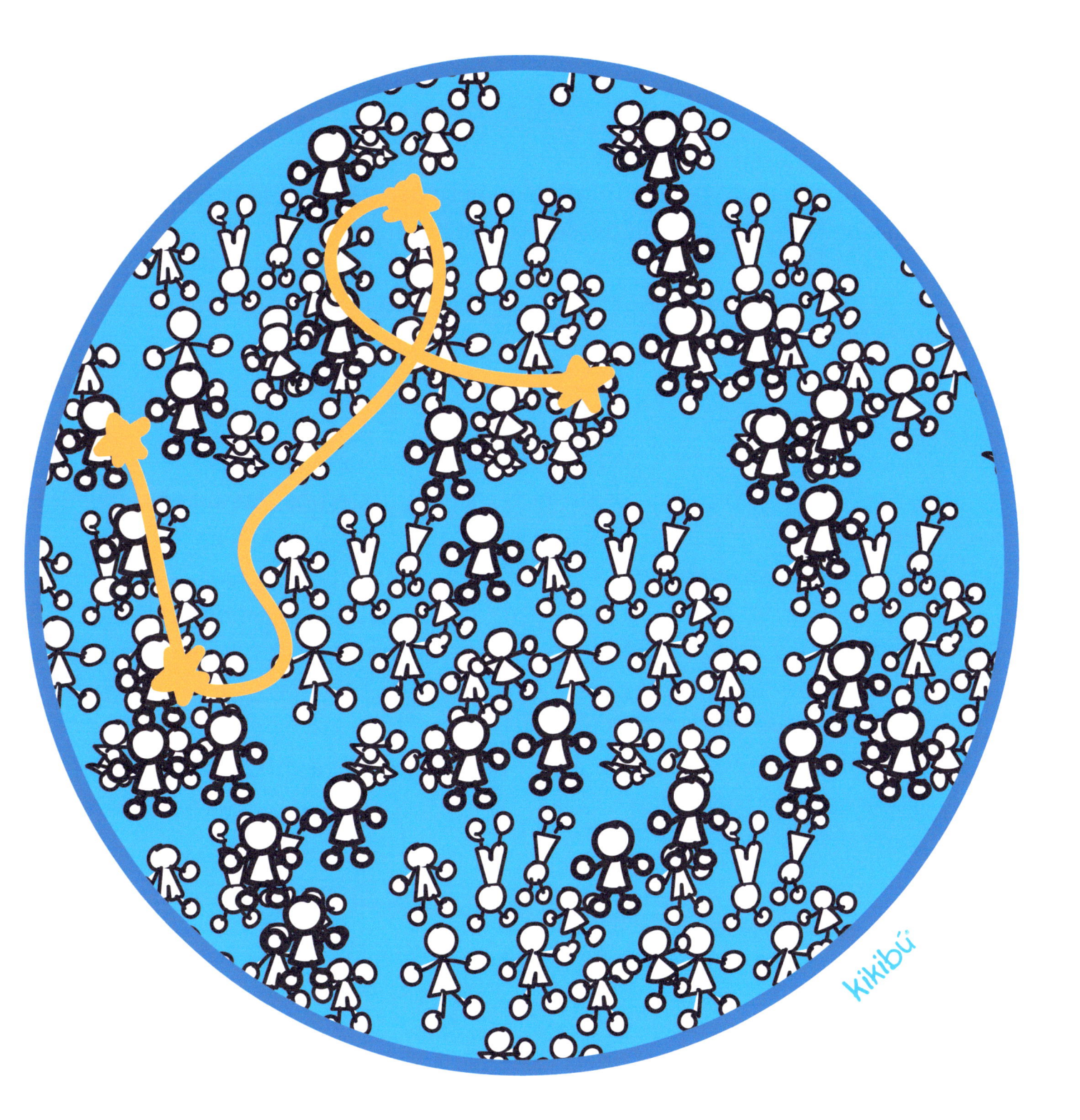

En este momento no lo entendemos, pero os aseguro que llegará un día, en el que entenderemos todo y todo tendrá sentido.

- ¿Y qué podemos aprender?, ¿Qué sellos podemos conseguir? - preguntó Paula.

Su madre les explicó:
Con su partida vamos a poder conseguir los sellos de:
ESPERANZA: confiaremos en el futuro, aunque nos haya pasado esto, porque la esperanza da la fuerza para seguir adelante. Lo mejor es que es contagiosa y podremos ayudar a más personas.
ACEPTACIÓN: asumiremos la vida como es, con sus momentos agradables y desagradables, sin intentar luchar contra aquello que no se puede controlar ni cambiar.
RESILIENCIA: nos recuperaremos de esta situación tan dolorosa y seguiremos hacia adelante. Aprenderemos de esta dificultad para hacernos más fuertes.

Pasaporte a la felicidad

aprendido

- tolerancia
- gratitud
- solidaridad
- bondad
- empatía
- amor incondicional
- valentía
- respeto
- justicia
- perdón
- esperanza
- generosidad

VALOR: nos enfrentaremos a esta difícil etapa, a pesar del miedo que ahora mismo tenemos.
SOLIDARIDAD: nos comprometeremos a ayudar a aquellos que les pase lo mismo que a nosotros.
GRATITUD: daremos las gracias cada día por haber conocido a papá, saber que está con nosotros, y que cuando llegue nuestro momento, nos volveremos a ver. No todas las personas lo saben ni lo creen. Nosotros sí.

Cuando estamos en la tierra, el tiempo parece que va muy lento y que queda mucho para volver a estar juntos, pero allí, el tiempo pasa muy rápido. Cuando nos volvamos a encontrar, a papá le habrá parecido que nos vio ayer y a nosotros que el tiempo ha pasado muy deprisa.

Hay muchos médicos, científicos y personas muy sabias que están investigando y descubriendo muchas pruebas de que esto es así. Seguro que cuando seáis un poco más mayores, os encantará leer y escuchar muchos testimonios que os confirmaran lo que ahora os digo.

Entonces, ¿papá nos seguirá viendo? - comentó Rodrigo con mucho hipo.

¡Siempre estaré con vosotros!

- ¡Si cariño! y se pondrá muy contento cuando te vea sonreír y feliz- dijo mamá.

Rodrigo se secó las lágrimas y agitando su mano exclamó:
- ¡Hola papi! Te prometo que vamos a ser fuertes y vamos a estar bien, tú ahora disfruta en ese planeta tan bonito. **Vamos a conseguir nuestros sellos para que cuando cumplamos nuestra misión, estemos juntos para no separarnos jamás.**

-¡Hasta luego papá! Sé que estés donde estés, siempre estarás a nuestro lado.¡Los cuatro unidos jamás seremos vencidos! -dijo Paula.

Mar abrazó fuerte a sus hijos. No podía estar más orgullosa de ellos. En ese momento, un olor maravilloso envolvió toda la habitación y un sentimiento estremeció sus corazones. Ellos lo supieron. Nunca estarían sólos. Ahora tenían un padre con superpoderes que les ayudaría, siempre que pudiera, en esta gran aventura que es vivir.

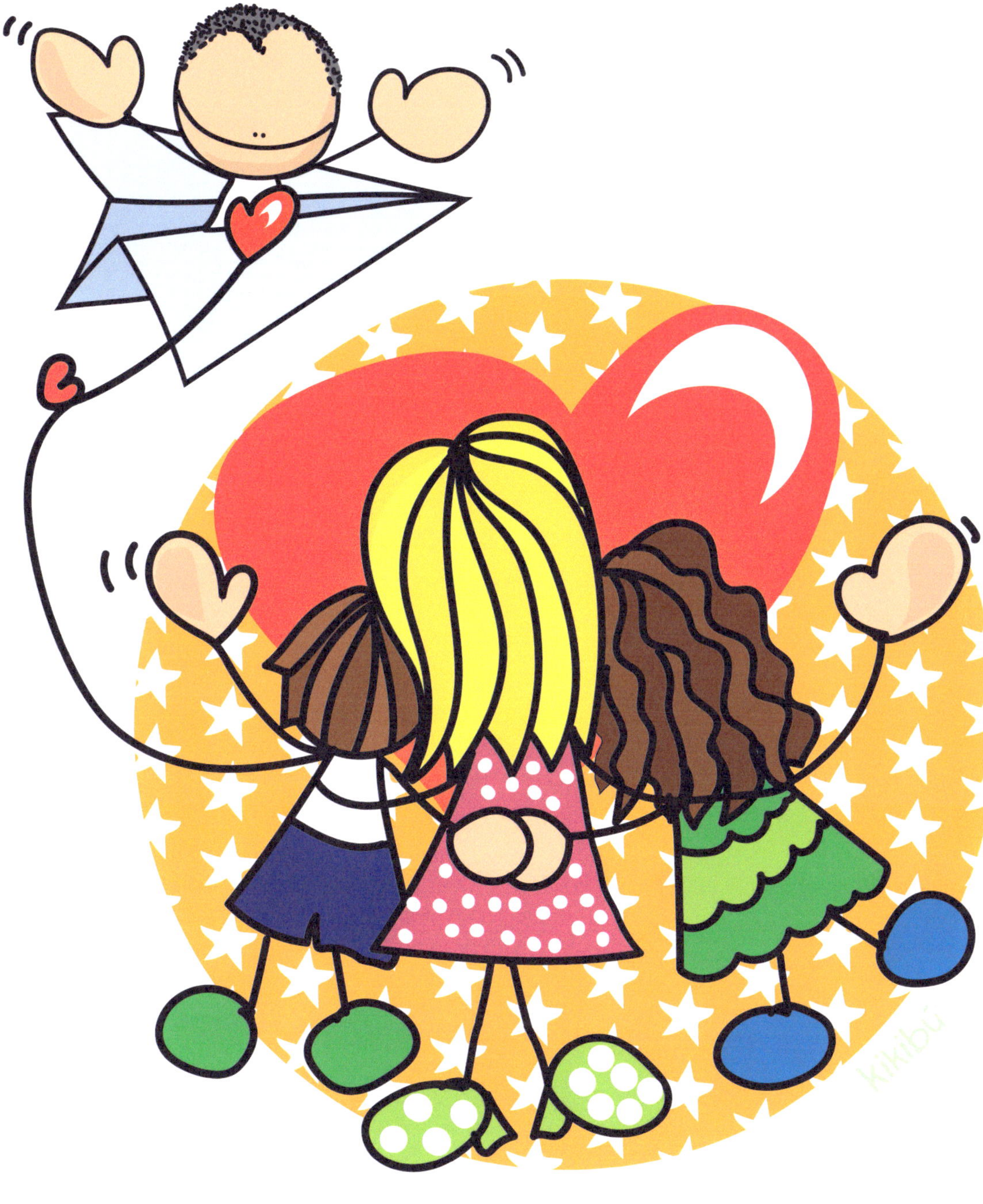

Pd. Basado en una historia real.
Hoy, después de casi 11 años de la partida de Ángel, Paula y Rodrigo han crecido felices, con su padre siempre presente, sabiendo interpretar sus señales y lo más importante…. **con la seguridad que la muerte no existe.**

Printed in France by Amazon
Brétigny-sur-Orge, FR